A ma famille tant aimée
Mon indispensable tribu
Aux morts et aux vivants
Merci à vous tous

© 2025 Fréha Elbaz

Édition : BoD · Books on Demand, 31 avenue Saint-Rémy, 57600 Forbach, bod@bod.fr

Impression : Libri Plureos GmbH, Friedensallee 273, 22763 Hamburg (Allemagne)

ISBN : 978-2-3225-3479-1

Dépôt légal : Mars 2025

Docteur !

Bonjour Docteur,
C'est pour mon cœur.
    Un gros malheur
    Ou une frayeur ?
Il s'est brisé,
J'ai trop pleuré.
    Pleuré qui ?
    Votre ami ?
Un ami est comme une sœur
Qui vous met du baume au cœur.
    Le cœur de qui ?
    Je n'ai rien compris.
Le baume est un pansement
Qui part avec le temps.
    Il faut vous opérer.
    Demain, à la Pitié !
Je préfère l'onction
A toute rédemption.
    Tachycardie
    Ou Saint Esprit ?
Mon cœur, pas mon esprit...
Enfin, Docteur !
    C'est très confus,
    Je n'en peux plus.
Oh ! Moi non plus,
Je suis perdue...

    Au revoir mon cœur,
    Lui dit le Docteur

Secrets d'alcool

Bonsoir très chère
Alors, vous en êtes ?
Bien sûr, j'y vais avec Norbert.
On dit qu'il se la pète !

Oui, mais il n'est pas chien
Un peu tout de même !
On dirait un dalmatien
C'est ça le dilemme...

Comme vous y allez !
En taxi, toujours.
Vous changerez à Châtelet
Oui, j'aime les détours.

On murmure qu'il fraternise
Avec cette vieille chouette.
La nuit, tous les chats se grisent
Et marchent à l'aveuglette.

Que tout ceci reste entre nous...
Alors ne bougeons plus !
Et sur un rythme andalou,
Gardons secrètement l'intrus.

Placage au sol

Il l'a plaqué ?
Oui mais en douceur
Comme une moquette !
Ah le charme de la bouclette !
Moi, je préfère la rigueur du Lino
Difficile de concurrencer les Italiens
Solides, pratiques et craquants
Parfait pour le quotidien !
Mais quelquefois on a envie d'un extra
Extra moelleux ? Extra rugueux ?
Extra…… ordinaire !
Un buffle au pelage velu et musqué
Non, trop rustique !
Et pourquoi pas un zeste de citron ?
Quand on a pressé le fruit,
Il faut jeter la peau.
On ne va tout de même pas
Retourner à la terre battue
Recouverte de tapis poussiéreux
Tout dépend qui tient le battoir !

Collector

Je me dépêche, j'ai un avion à prendre
C'est pour la collection du petit
Moi, je garde les capsules de bière.
Ils mettent un bouchon aux cercueils maintenant ?
Oui, comme ça, on peut y jeter un oeil
Ça change vite à cet âge !
De temps en temps, on vidange un peu
Et on gagne de la place
Et quand il n'y a plus de liquide,
On la récupère
Et ça nous fait un moule à tartelette
Très chouette !

Bus 60

Passe, passe, passera
De gré, de force, il faut entrer
Poussés, projetés, voire écrasés
Musique à fond, cacophonie,
"Allo, c'est moi !" Jacasserie

Collés, serrés, pas pour danser
Une main crispée sur ses effets
D'une poignée, l'autre s'approche
Si haut perchée qu'elle ne s'accroche

Derme poisseux, calleux, huileux
Sous le balai d'épais cheveux
Une colonne de doigts cassés
Disparaît sous un dos fatigué

Coup de pied, coup de poing
Dans les paniers, dans les couffins
Coup de reins, coup de sang
Insultes et gestes violents

Bus 60

Suite

Se faufiler, c'est Marcadet
Trois, quatre bébés faut enjamber
Cartables, ballots, caddies garnis
Trop tard, il est reparti !

Passe, passe, passera
La dernière restera.

La traversée

Je ne sais pas nager
J'ai peur des profondeurs
Et crains de me noyer.
J'aurai des hauts de cœur
J'en perdrai ma raison.

Je pars sous la contrainte
Mais, à destination
Je déposerai plainte
Au chef de cette nation
Qui entendra mon oraison.

Deux sous la traversée !
Dessous, la vie est chère
Voguer les yeux bandés
Dîtes moi de quoi j'ai l'air
Moi, ce vieux moussaillon.

Pointant bien haut sa faux,
Ce drôle de berger, pas peu fier
Ricane dans mon dos.
Là-bas une lumière
Ou l'ombre d'une main

Il me semble que c'est ... Mais non !

Psychogénéalogie

Louis compte son or
Henri garde le moral
Sylvie a peu d'espoir
Hélène n'aime pas les gens
Manon en veut à sa mère
Gérard est un spécimen
Paul vit en ermite
Charles fait du rentre dedans
Jacques a une grosse tête
François est foncièrement honnête
Isidore repose en paix
Marcel s'en va en guerre
René s'offre un nouveau départ
Émilie n'ira pas jusqu'au bout de l'histoire

Temps mort

"Temps mort" a crié l'arbitre.
Pour qui se prend il, celui-là ?
Alors je me suis mis à courir
Je l'ai entendu hurler derrière moi
"Mais reviens, merde !"
Mort et décomposé
Il va vite en besogne.
Il me fallait lui échapper à tout prix
Et me revigorer.
Au marché, j'ai trouvé à manger
Deux achetés, un gratuit !
J'ai gobé le haché prémâché
J'ai vomi le gratuit.
Ah qu'il est bon d'être vivant !
Je suis retourné au gymnase
Le match avait repris
J'ai pété le nez de l'arbitre.

C'est le bouquet !

Pieds coupés
Maintenues au bain
On assiste à leur agonie.
Lente déshydratation
Perte de rigidité
Jaunissement
Effondrement
Lie de putréfaction.

Sur le marbre froid, déposées
Dans leur cristal enrubanné
Au pourtour agrafé
Elles restent ainsi emmaillotées
Lente asphyxie
Rigidité conservée
Brunissement
Dessèchement.

Pour toi, ces quelques fleurs

Une vie de bâton de chaise

Bonsoir, cette chaise est libre ?
    Je ne sais pas, demandez-le lui
Il n'y a personne dessus, alors...
    Alors, ce n'est pas une raison
Vous croyez qu'elle est trans ?
    Trans, bi ? Laissez-la libre de ses choix
Bon, je peux la prendre ?
    Un peu de respect, nom d'un chien !
D'un crapaud, plutôt
    Sorcellerie ou chirurgie ?
C'est sûrement l'œuvre d'un alchimiste
    Avicenne....Nicolas Flamel.....
Oui mais pas qu'eux
    Le comte de Saint Germain
Il y en a certainement eu d'autres.
    Vous voyez bien qu'elle n'est pas libre.

C'est toi le chas

Plus longue est la griffe, plus profonde sera la blessure. Le toucher est délicat et le geste doit être sûr.
Son œil d'acier est le premier élément à apprivoiser. Nul besoin de khôl pour capter l'attention. Voilà une cible pour tireur d'élite. Pénétrer l'antre n'est pas chose facile pour les vieux pratiquants.
Trop à gauche, trop à droite... On lubrifie le dard, en vain. Trop haut, trop bas et on recommence.
Le reflet de la lumière joue avec nos nerfs et nous offre l'illusion d'une réussite. On s'arme d'un viseur ou d'un harpon pour porter l'estocade ultime.
Oui !
On peut maintenant s'engouffrer dans ce passage aussi étroit que l'œil d'un myope.
Et la couture commence !

Va voir là-bas

Va voir là-bas si j'y suis
Et si j'y suis, n'y reste pas
Pars et rentre chez toi,
Je ne sais pas moi !
Là d'où tu viens.

Et même si je n'y suis pas
N'y reste pas
Tu gênes tes voisins
Ceux qu'on aime bien
Car on les craint.

Là-bas, c'est chez toi ?
Non, je ne crois pas
Allez, va ! Et ne t'arrête pas
Va au-delà de chez moi
Au-delà de l'au-delà.

Attends encore un peu
J'ai besoin de toi
De tes valeurs, de ton savoir,
Ne me laisse pas dans le noir,
Ne me laisse pas sans espoir.

Toi, le messager,
le chercheur
l'archiviste,
L'éternel exilé,
Tu me manques déjà.

Problème arithmétique

On sait que le Docteur Schweitzer, riche Gabonais quinquagénaire, à la chevelure poivre et sel, bénéficie de revenus confortables s'élevant à 22 000 francs CFA mensuels. Chaque jour férié de l'année, il quitte sa clinique à minuit pour retrouver la femme de l'épicier.

Bien qu'elle lui réclame, à chaque visite, 43 dollars, elle n'en touchera que les deux tiers. Il a déjà offert à sa jeune maîtresse pour 30 euros de bonbons dont 9 Mistral gagnants - sans compter le professeur de trompette qui le fait chanter. Le Docteur s'arrache les cheveux.

Tenant compte de la hausse du prix du sucre, des épices et du cuivre, provoquant une baisse du pouvoir d'achat, à quel âge le Docteur deviendra t-il chauve ?

Quiproquo

Il l'aperçoit au loin, elle s'approche d'un pas décidé. "Salut" dit-il en souriant, malgré le bruit assourdissant des marteaux piqueurs, tendant le bras, les doigts écartés.

   Elle s'arrête net.
   Il ne veut pas que je m'approche,
   Il était plus aimable hier soir, se dit-elle.

Il se frotte les mains et tape du pied pour dégager la terre séchée.

   C'est quoi ce rituel ? On dirait un taureau.

Il remonte son pantalon et ses manches de chemise pour paraître plus présentable.

   Il fait quoi, là ?

Son regard panoramique balaie le chantier, sous les sifflets des ouvriers. Il lui sourit toujours.

   Elle s'enfuit.

Parole d'honneur

Madame Lasalle Arlette
Femme de chambre à l'hôtel Beau rivage
et 1er témoin du meurtre
Levez-vous !
Vous avez la parole
    Je n'en veux pas
En répondant, vous l'avez prise
    Je vous la rends avec mon tablier
Gardez votre serpillère
Et répondez à mes questions
Ou étiez-vous à 04 h 20 ?
    04 h 20 !
    À 04 h 20 j'étais au bar
    À 04 h 21 je jouais aux dés au comptoir
    À 05 h 00 j'appelais la police
    Trois heures plus tard, vous êtes arrivés !
Ahhhh !

Silence ou je fais évacuer la salle !
    Merci

Des hauts et des bas

Comment ça va ?
    Bof ! J'ai des hauts et des bas
Oui, comme tout le monde
    Le soir, je suis dans le bas
Ah ! nylon et porte-jarretelles ?
    J'avoue, je suis un peu nyctalope.
C'est bien de le reconnaître
    Non, je n'ai pas la fibre paternelle
Qu'a dit le curé ?
    Ommmmm ! Et un Pater
Ce n'est pas chair payée
    En effet, je tiens à ma liberté.
Vous êtes du genre randonneur ?
    Oui, je randonne beaucoup
Quand je vais dire ça à Albert !
    Je le connais, Albert !
Le petit Albert ou le grand Albert ?
    Albert le cassé, l'écrasé, le vermoulu
Format poche alors ?
    Pour sûr !

À louer

Le vendeur me dit
Que tout peut se louer
Même une tente
Quelle drôle d'idée !
La mienne n'aurait jamais voulu
Même en devenant moins étanche
Ni très stable sous les bourrasques
Même en perdant ses couleurs
Et la souplesse de ses cordages
Même avec un revêtement
Qui tiraille un peu
J'y suis attachée
La famille, c'est sacré !
La mienne s'est envolée
Un soir de vent mauvais
Sa structure repose
Dans un sac de couchage
Que je vais quelquefois visiter.

Vendredi 13

Vous êtes Yamakasi !
Eh bien, vous n'avez pas froid aux yeux !
Maintenant que vous me le dites
Si, un peu, hier vendredi soir
En tombant du 13ème étage
C'est à cause d'Ayna et de son mauvais œil.
Elle m'a dit qu'elle me trouvait beau
Surtout mon pied gauche
Alors j'ai lâché prise
Grâce à la méditation et au yoga.
J'ai voulu revenir au point de départ
Aussi, j'ai dû grimper à l'échelle
De l'intérieur bien sûr !
Pour conjurer le mauvais sort.
Et depuis, je porte des lunettes.

La terre

Vaste charnier à ciel ouvert
Terrain de jeu pour explorateurs morbides,
Nous y plongeons nos mains
Avides de sensations, à la recherche de trésors.

Qu'elle soit humide et collante
Ou poudre argileuse et rugueuse
Les déjections sont matière première
Quel bonheur d'en être le maître d'œuvre !

Joli jardin aux restes végétaux
Insectes et feuilles d'automne
Joli jardin aux restes animaux
Cadavres, fluides et tuteurs d'os.

La terre s'épaissit à chaque génération.
Cultivons dessus et creusons dessous,
Nous sommes des jardiniers éphémères,
Aux ongles noirs, noir pour des corps beaux.

Louis

Ils l'ont poussé, l'ont mis devant
Pour remplacer le précédent
Fougueux et bel orateur,
Lui, le modeste auteur.

Elles l'ont poussé, l'ont mis devant
Se sont armées de compliments
Pour mieux se l'approprier
Pour mieux le déchiqueter.

Il s'est poussé, tout en dedans
Pour oublier un court instant
Les dents des loups peu charitables
Les nerfs des hyènes aux âmes vénales.

L'œil rond, les bras ballants,
Il avait juste besoin de temps
Cherchant en vain un lieu sûr
Pour s'y cacher : un trou de serrure.

Le rongeur

Quelle est donc cette odeur
Qui s'infiltre dans les maisons
Sournoisement ?

Elle surgit par petits pets
Inodores et pourtant présents
Indolores et pourtant blessants.

De petites piques acerbes,
Discrètes blessures sous cutanées
Qui mettent à vif nos nerfs
Sans même nous faire saigner.

Railleries percutantes
Ou blagues innocentes ?
Elles surprennent la victime
Spectatrice d'elle-même
Meurtrie et mutique.

L'humour est le laisser-passer
Du despote pervers
Qui s'octroie le pouvoir
De détruire de l'intérieur.
L'âme pure qui oscille
Entre la fuite et l'excuse.

Don d'organe

Tu donnes ta langue au chat ?
Même pas en rêve !
Et qu'en ferait-il ?
Lui le polyglotte.
Je la donne à ceux qui vont la conserver
Non pas dans du formol
Mais dans un dictionnaire
Avec ses accents circonflexes.
Elle circulera dans les rues
Avec ses accents régionaux.
Elle explosera en insultes
Elle chuchotera des "mon amour"
Elle racontera des histoires
Avec des mots qui veulent dire
Ou ne rien dire
Mais non dénués de sens.
Réflexion faite,
Je vais la donner à un mille-pattes
Car il n'en a pas.

Soirée privée

Entrez, déshabillez-vous !
    Ah, je croyais être venu pour un dîner.
Soyez patient jeune homme !
    Et j'enlève quoi ?
Votre dédain et vos aprioris
    Et vous, vos faux cils et deux décennies.
Sortez ou je vous en mets une !
    Pourquoi s'arrêter à une ?
Je suis gourmand, vous savez
    Mais je paie rubis sur l'ongle.
Moi, je préfère le toc qu'on change souvent.
    Désolé, j'ai des projets d'avenir !
Alors buvez et oubliez-les.

Fou d'émoi

Je reste coi devant l'intolérance,
La bêtise et le plaisir de nuire
De ceux qui se croient dans le vrai
De ceux qui se font juges.

Je revendique le droit à la folie
Douce et amère, réprimée et remaniée
Celle qui fait détourner les regards
Qui jette un doute et qui éloigne.

Fou à pleurer sous la douche en étouffant
ses cris
Fou à rester mutique aux salissures
Fou à s'inventer une autre vie
Fou à délier ses veines.

Nous sommes des fous d'amour,
De haine ou de douleur
Face à l'imprévu, à l'impensable
A la peur, à la haine, à la violence.

Comment ne pas devenir fou ?

Voir sans être vu
Se contenter d'un écho
S'extraire de ce monde
Pour ne plus souffrir.

Pas à pas

Ces petits lardons, mignons comme tout, se transforment en gouttes de lait pour tétines improvisées. Ça sursaute et ça se cambre quand on les caresse délicatement. Potelés à souhait, on les embrasse, on les mordille.

Le temps a passé et les lardons ont quelque peu fondu. Par forte chaleur, ils collent à la poêle, laissant échapper quelques mauvaises odeurs.

Pauvres petites arachides en coque ! J'en vois une qui se cache derrière sa voisine tandis qu'une autre se courbe de douleur. Leurs coiffes jaunies, striées et quelquefois déformées laissent apparaître les racines du mal.

Le chemin fut bien long et souvent contrarié.
Osselets ! Cessez de jouer !
Vous n'êtes que des porte-étiquettes.

Versus

Le policier a affirmé
Qu'il saurait lui tirer les vers du nez
Tiens ! On ne dit plus crottes !
En quoi dégager ses voies nasales
Permettrait de libérer sa parole !
Avec un mouche bébé ou un goupillon ?
Ne suffit-il pas d'appuyer fortement
Sur ses sinus pour faire sortir l'intrus ?
En même temps
Si le suspect a réellement des vers
C'est qu'il n'est plus très frais
Voire mort
Voire mort et déterré
Laissez ces petites bêtes tranquilles
Comment faut-il vous le dire ?
En vers ou en prose ?

Enquête policière

Non Monsieur l'Inspecteur, je ne sais rien, je dormais. J'ai été réveillé par un grand bruit. Je me suis dit : "Quelque chose vient de tomber !"
De ma fenêtre, j'ai aperçu un grand corps malade gisant sur le sol. J'ai tout de suite reconnu la veste du type au cœur grenadine. Demandez au chat du Rabbin, il passait au coin de la rue là-bas, toujours à raser les murs. Je sais qu'il est souvent chez Esther, il prétend qu'il lui emprunte ses cahiers car il prépare sa bar-mitsva. La petite vit tout près d'ici, dans une maison bleue adossée à la colline.
Et puis, y'a Chez Eugène qui reste ouvert tard la nuit.. On se demande pourquoi ou plutôt pour qui. Sa fille essuie les verres au fond du café tandis que les enfoirés du quartier du porc, agglutinés au zinc, la regardent avec envie.
Surtout Lara qui lui hurle des "je t'aime" à n'en plus finir. Baratin !
Jean qui lui propose une traversée de Paris nocturne, jusqu'à Pigalle sûrement !
Et Corinne, employée aux Télécom, qui veut aller à New York avec elle. Pauvre fille !
Ah, y'a du beau monde ici ! un tatoué, un marginal, un flic et beaucoup de voyous.
Peu de visiteurs, que des habitués !
Mais bon, moi je ne sais rien, je dormais.

Les terriens

Comment ils sont les Terriens ?
Eh bien regarde, penche-toi un peu
C'est ça ? Tout en bas ?
Oui
Ils ne vont pas très vite.
En effet, ils ne sont pas très évolués.
Ils sont tous, blancs et rouges ?
Non, quelques uns sont jaunes et rouges.
T'as vu, ils laissent des traces partout.
C'est bien le problème !

Maison d'autre

Allo , oui
Je suis presque prête, j'arrive !
Laisse-moi deux minutes
Je fais le tour de la maison
Le loup n'y est pas.
On peut aller au bois.
Ça sent le gaz ici !
Pas grave, il est naturel
Ai-je bien fermé les volets ?
Oh ! les volets ont disparu !
Ils ont dû tomber sur le trottoir
Un petit coup d'éponge sur la table
Et les miettes sont… sur la moquette
Tiens, la moquette a poussé !
Et en silence en plus.
Où ai-je rangé l'aspirateur ?
Ce n'est pas mon aspirateur !
Ce n'est pas ma moquette !
Ce n'est pas chez moi !
Bon, au revoir Madame la porte
Je vous donne une poignée de main
On se connaît si peu
Allo ? Allo ?

Jeu de mains

Je vous fais un prix
C'est une seconde main
Pour moi, ce sera ma 3ème
Je vais prendre la gauche
La main du cœur.
La main du cœur ?
Sacrée coupe franche !
Alors qu'il a le bras long
Prenez plutôt la droite
Celle qui gratte.
Ah non, pas celle qui gratte.
Finalement je vous laisse la main.
Vous avez une côte première ?
Ça dépend d'où vous partez
De zéro bien sûr !
Et moi, de Troyes.

Mécréant

Soixante dix sept euros
Vous avez la carte de fidélité ?
Euh, non
Vous n'avez pas de carte de fidélité !
Non, et alors !
Alors je vais devoir vous dénoncer
Et en parler au grand patron.
Je tiens à ma place, moi.
Et c'est qui le boss ?
Je ne prononcerai pas son Nom.
Dites-lui que je veux le voir tout de suite
Impossible !
Je n'en veux pas de sa carte
Ni de ses bons points, ni de sa cagnotte
Ni de sa reconnaissance, ni de son droit d'entrée
Je ne suis d'aucune communauté, moi !
Oh la la !
Sécuritééééééé

Un peu de tenue !

Faut-il leur mettre des chaussures ?
De jolies vernies pour une arrivée scintillante
Des tongs qui flotteront au bord du Styx
Ou des rangers pour une escalade céleste.

Faut-il leur faire porter le chapeau ?
Un melon pour ceux qui l'ont perdu
Un bob même si ce n'est pas Robert
De toutes façons, les absents ont toujours tort !

Faut-il les mettre sur leur 31 ?
Quelque soit le jour du départ
Choisir un vêtement bien coupé
Aussi rigide que celui qui le porte

Faut-il qu'ils aient des poches ?
Pour cacher leurs mains tachetées
Pour emporter des mots d'amour et d'amitié
Ou jouer en cachette à Candy Crush.

Le cercueil refermé,
Nul ne voit la couleur des chaussettes
Ou la ceinture à paillettes
L'effluve d'un parfum reste le meilleur bagage.

Le fond
(I)

Il paraît qu'il a touché le fond
Avec ses mains ou ses pieds ?
Sa tête
Oh !
Et c'est comment ?
Un ventre mou je suppose
Et qu'a t-il trouvé ?
Un trou
Un trou comment ?
Un trou perdu au détour de méandres
Et on y va comment ?
Par un tunnel sombre
Et au bout du tunnel ?
Une sortie de secours
Quel genre de secours ?
Une lumière vive qui vous aime
Dans le fond, je préfère ne pas savoir.

Le fond
(II)

Il paraît qu'il a touché le fond
Le fond du pot de colle
Qui colmate les failles
Et cache les imperfections

Le fond de la poubelle
Dont l'odeur pestilentielle
Tient à distance
Toute personne de bonne volonté

Le fond de la bouteille
Précieux breuvage thérapeutique
Qui permet d'oublier les crève-cœurs
Et rend la vie acceptable

Le fond du trou
Comme si la fosse ne suffisait pas
Qu'il fallait descendre encore plus bas
Dans les abîmes de la terre

Il paraît qu'il a touché le fond
On l'a perdu de vue

Pain perdu

Elle m'a dit de prendre mon temps
Mais pas trop
Car j'avais du pain sur la planche.
Je l'ai pris et j'en ai mis un peu
Dans un petit tube en verre
A la taille de guêpe
Puis j'ai mis la miche au four.
J'aurais préféré y voir une brioche
Mais elle ne veut pas.
Son temps est désormais écoulé
Le mien est perdu
Tristesse

Tony

Je te soupçonne d'être de mèche
Avec Tony
      Tony, mon coiffeur ?
Non, Tony le batteur
      Il a dit avoir besoin de moi
      Pour une mission particulière
      C'est tout.
Et de fil en aiguille
Tu t'es laissée embobiner !
      Mais non !
      Tu me prends pour une dentelière ?
Tu vas changer de ton avec moi !
      Cuivré, tu n'aimes plus ?
Reviens aux platines !
Sinon je te mets une danse.
      Continue comme ça
      Et je vais te faire bouffer
      Ton trombone à coulisse
      Et on triera tes métaux lourds.

Bec & ongles

Il m'a cloué le bec
Ça m'a fait un mal de chien
Dit la chouette
Sur la porte griffée de la grange.
Il paraît que je porte malheur !
C'est le Moyen Âge ici ou quoi ?

En fait, c'est quoi là.
Hein ?

Tout le monde l'adore
Avec ses petits yeux noirs
Et son pelage gris,
Il passe inaperçu
Toujours accroché aux branches

Écoute ! La chouette. Y'a pas photo
Toi, t'es floue, fondue dans le décor
Mais la nuit, tu nous vois, tu nous entends
On n'aime ni ta famille, ni tes amis.

Lui est focus sur l'eucalyptus.
Reste immobile, on croit qu'il dort
Il engloutit toutes les jeunes feuilles
Et les arbres sont démunis
Il reste, malgré tout, de bonne augure.

T'as capté, la chouette ?

Tout doit disparaître !

J'aime flâner dans les rayons des magasins
Jusqu'à l'annonce de la fermeture
Jouir de ce bref instant de tension
Et me délecter du trépignement de la vendeuse

J'hésite encore sur la couleur sous néons
Sur la silhouette avec ou sans talons
Sur la longueur des manches
Sur la profondeur du décolleté

Le passage en caisse : un vrai rituel !
L'attente, la carte de paiement
Le déchirement du ticket
Et l'étreinte du sac contre mon corps

Véritable oignon en fin de Fashion Week
J'envisage de porter toutes ces tenues
De couvrir mon corps jusqu'à disparaître
Étouffée sous le poids des tissus.

Exit la mariée !
Le phénix l'a avalée
Tous deux sont recyclables

Paris

Si tu vas à Paris

Ramène-moi
Quelques rats bien musclés
De ceux qui jouent à saute-mouton
Dans les trous des chaussées

Ramène-moi
Un bout de zinc maculé
D'infâmes insultes alcoolisées
Menaces de désœuvrés

Ramène-moi l'odeur du métro
Sans fer, ni bois vernis
Une cuillère percée souillée
Une seringue de cauchemars

Ramène-moi
La peur du soir
Le bruit de pas suiveurs
La lame d'un fou ravageur

Si tu vas à Paris
Remonte le temps
Et tu garderas
Tant de beaux souvenirs.

Persona non grata

Vous n'êtes pas adhérent !
Sortez !
      Mais je ne suis pas n'importe qui !
Vous n'êtes pas sur ma liste
      Regardez encore
      A "L" comme Lapin
Non
      À "P" comme Poisson
Non, rien
      À "B" comme Blanche
Non, vraiment
Bon, collez-vous au mur
Comme ça vous ferez partie de l'expo
      Devenir papier peint !
      J'en frissonne d'avance
Fleurs ou rayures ?
      Scratch thermocollant
Et ne faites pas de bruit !
      Je mastiquerai en silence
      Et me frotterai
      Aux corps fatigués des visiteurs
C'est dégoûtant ! Maroufle !

Bougie

J'ai retrouvé
Une vieille bougie
Et j'ai fondu de bonheur
Je la croyais éteinte
En petite Kabylie
Au nord de Batna.
Mes souvenirs l'ont rallumée
Mon feu l'a fait scintiller
Elle est devenue veilleuse
Celle des tombes
Celle des miracles
Celle qui ne s'éteindra jamais.

Qui est là ?

Toc, toc, toc !
Qui est là ?
C'est MOI
Qui est MOI ?

MOI est un nom, un matricule
Pourtant le patronyme change,
Se dysorthographie
Se falsifie au gré de l'Histoire

MOI est un corps, une présence
Un volume tendu, distendu
Des lignes qui se courbent, se brisent
Une masse qui s'atrophie au fil des années

MOI est une fonction, un emploi
Vite remplacé, vite oublié
Quelques mots sur une carte de visite
À la gloire de l'égo

MOI s'exprime en paroles et en actes
Qui semblent dérisoires
Hors contexte, hors temps
Ils deviennent désuets et obscurs

MOI n'est qu'une nanoparticule
Un éclair dans la nuit
Le souffle du vent

MOI est éphémère
Il est insignifiant
MOI n'est RIEN ou presque.

Toc !
Qui est là ?

....

La fête à Neuneu

A la Saint Glinglin
J'inviterai Dédé
Et sa doudou

S'il vient seul
Nous irons dans un boui
Manger un cous
Et déguster un chi

Et s'il ne vient pas
Je n'en ferai pas K
J'irai boire un T
Avec L
Car je l'M

Bad trip

Comment tu vas ?
De travers
Comment tu fais ?
Des courbes
Comment tu sors ?
En lunettes noires
Ca craint !
Ca craint du boudin, même !
T'as bien fait de mettre un col roulé.
Je sais.
C'est pour stopper le flux.

Cor à corps

Demain, c'est la fête au village
Apportez votre cor de chasse
Cela fera du bruit

Vous me flattez !
Je vous montrerai mes tablettes de chocolat.
J'aime être admiré.

Alors je vous mets au stand culinaire
Et nous nous régalerons
De vos spécialités champêtres

Dévorez-moi des yeux
Et restez à distance
Car la chasse est ouverte.

La chasse à quoi ?
La chasse à la bécasse.

Bouchonné

Tu refoules du goulot
Tu baves un peu
T'as des gaz
T'as un gros cul
T'as le teint verdâtre
Tu te promènes avec ton nom sur une étiquette
Et l'été, il faut te mettre au frais !

Non, je t'assure
T'as pris de la bouteille !

Drosophile

Tu me reproches de prendre la mouche
Eh bien oui !
J'ai très envie de la saisir entre mes dents
Et de l'arracher de ta joue blafarde
Car elle est l'intruse
Le point d'attention
Elle annonce la mort
Et se met en bouche
En attendant le festin funeste.
Je pourrais l'écraser d'un pouce
L'étaler grossièrement et lui donner
L'aspect d'une excroissance velue.
Mais rassure-toi
Tout est faux chez toi
Tout glisse sur toi
Et ne t'imprègne pas
Cette mouche charbonnée
Que tu crois attribut esthétique
Ne fera pas tache.

Ailleurs

Ah je vous jure !
C'est à cause de tout ça
Que le monde va mal !
Voyez ce qui se passe !
On va tous y rester
Moi, je vous le dis
Faudrait partir
Mais pour aller où ?
Sur une autre planète...
Oh oui ailleurs !
Ou chez Germaine
Ma cousine par alliance
Elle a un sale caractère Germaine.
Faudrait faire un tri
Et garder ce qu'il y a de meilleur !
On finirait par s'ennuyer entre gens bien
On se disputerait
Et on remettrait ça !
Et puis, ce n'est pas à moi de partir
Après tout, j'étais là avant
Avant qui ?
Je ne sais plus.
Bon, je rentre à la maison
Je vais regarder les infos à la télé
Et après j'irai me coucher.
Pour oublier.

Col cheminée

Je cherche quelque chose de vert
Un vert sombre, un brun jaunâtre,
Sur fond rouge sang
Discret bien qu'imposant
D'un style industriel
Ligné comme un Mondrian
Fermé, plié, replié.

Ourlé de gardes zélés
Aux crocs redoutables
Dans des bains de vapeur
Émanant d'une terre aride
Sous des volutes de cigares bagués
A l'odeur âcre.

De fins motifs blancs s'effacent
Au fil du temps
Reste quelques trésors
Des millions de comètes d'or
De pétales de rose et de deltas noirs.

C'est un article toujours en stock
Souvent visité pour ne jamais oublier.

Friction

Figurez vous que je suis tombée
Nez à nez avec Maître Blaze
Ce fut une boucherie !
Le choc l'a fait divaguer
Il parlait cuisine
Museau, patates, gaufres...
Il venait certainement de déjeuner.
Au pifomètre, il était 14 heures.
Moi, je pleurais des larmes de sang
Il voulait me consoler
Et m'a donné son mouchoir brodé.
Attitude chevaleresque, soit
Mais je l'ai prié de garder sa jarretière
Et la prochaine fois
D'enlever son heaume
En descendant les escaliers.

Hello !

Coucou !
    Ouh ouh !
Coucou !
    Ouh ouh !
Désolé, je me suis trompé
Je t'ai pris pour un coucou
Au temps pour moi
    Mais je suis un ouh ouh !
Tu viens d'où, avec cet accent ?
    Du grand chêne, comme toi
    Je me suis battu avec ma femme
    Pour une place au soleil
    Ça s'est terminé en prise de bec
    Elle a gagné !

Impact

Vous avez entendu ?
On aurait dit un coup de fusil
Ça venait du fond du couloir.
Je vais voir.

Appelez la police !
Appelez la police !
Quelqu'un a tiré
Y'a un trou de balle dans les toilettes !
ViiiiiiTE !!!!

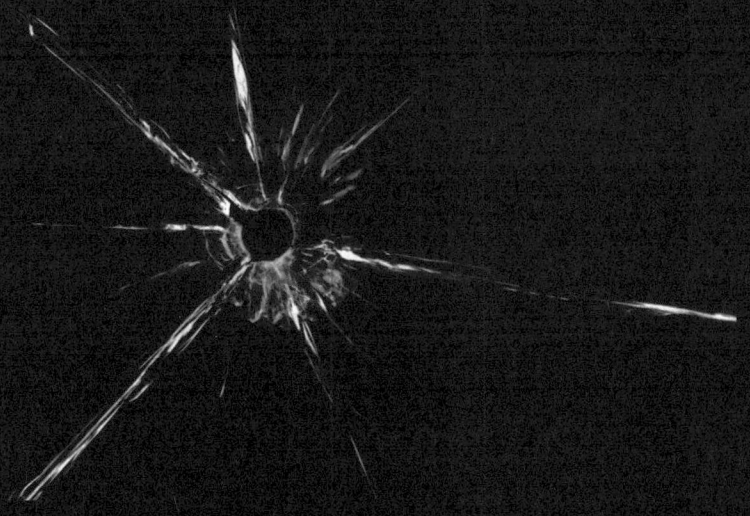

Sommaire

005 - Docteur
007 - Secret d'alcool
009 - Placage au sol
011 - Collector
013 - Bus 60
015 - Bus 60 Suite
017 - La traversée
019 - Psychogénéalogie
021 - Temps mort
023 - C'est le bouquet !
025 - Une vie de bâton de chaise
027 - C'est toi le chas
029 - Va voir là-bas
031 - Problème arithmétique
033 - Quiproquo
035 - Parole d'honneur
037 - Des hauts et des bas
039 - A louer
041 - Vendredi 13
043 - La terre
045 - Louis
047 - Le rongeur
049 - Don d'organe
051 - Soirée privée
053 - Fou d'émoi
055 - Pas à pas
057 - Versus
059 - Enquête policière
061 - Les terriens
063 - Maison d'autre
065 - Jeu de mains
067 - Mécréant
069 - Un peu de tenue
071 - Le fond I
073 - Le fond II
075 - Pain perdu
077 - Tony
079 - Bec & ongles
081 - Tout doit disparaître
083 - Paris
085 - Persona non grata
087 - Bougie
089 - Qui est là ?
091 - La fête à Neuneu
093 - Hello !
095 - Cor à corps
097 - Bouchonnée
099 - Drosophile
101 - Ailleurs
103 - Col cheminée
105 - Friction
107 - Bad trip
109 - Impact